FEUERWEHR
112

FRUTTI
112
FEUERWEHR
M - 602

Eine Minute später rückt die Feuerwehr aus.

FI·VIDEO

Angela Weinhold

Die Feuerwehr rückt aus

arsEdition

Alarm! Die Feuerwehrleute rutschen an einer Stange in die Fahrzeughalle. Schnell springen sie in ihre Fahrzeuge.

Die Feuerwehr saust durch
die Stadt: »Tatü-tata!«

Die Polizei folgt der Feuerwehr mit Blaulicht. Sie sperrt die Straße ab.

TAXI
POLIZEI

A+G
FEUERWEHR
M-AW 97

Der Krankenwagen ist auch schon da.

Die Wasserschläuche werden entrollt
und angeschlossen.

M - 602

Die Feuerwehr fährt die Leiter aus:
»Wo brennt es denn?«, fragen die Leute.

M-601

POLIZEI

»Es ist nichts passiert«, sagt ein Feuerwehrmann. »Wir üben heute nur, damit alles klappt, wenn es mal richtig brennt.«

Das ist die Ausrüstung
eines Feuerwehrmannes:

Nach den Regeln der neuen Rechtschreibung

Redaktion: Daniela Filthaut
Technische Beratung: Städtische Feuerwehr, München
Manufactured in China · ISBN 3-7607-7124-6

CE ISBN 3-7607-7124-6
9 783760 771243